Bibliografische Information der Deutschen Nationalbibliothek:

Die Deutsche Bibliothek verzeichnet diese Publikation in der Deutschen National-
bibliografie; detaillierte bibliografische Daten sind im Internet über http://dnb.d-
nb.de/ abrufbar.

Impressum:

Copyright © 2016 GRIN Verlag, Open Publishing GmbH
Druck und Bindung: Books on Demand GmbH, Norderstedt Germany
ISBN: 9783668361423

Dieses Buch bei GRIN:

http://www.grin.com/de/e-book/346693/kooperation-zwischen-staaten-das-camp-
david-abkommen-in-der-analyse

Fabian Herbst

Kooperation zwischen Staaten. Das Camp-David-Abkommen in der Analyse

GRIN Verlag

GRIN - Your knowledge has value

Der GRIN Verlag publiziert seit 1998 wissenschaftliche Arbeiten von Studenten, Hochschullehrern und anderen Akademikern als eBook und gedrucktes Buch. Die Verlagswebsite www.grin.com ist die ideale Plattform zur Veröffentlichung von Hausarbeiten, Abschlussarbeiten, wissenschaftlichen Aufsätzen, Dissertationen und Fachbüchern.

Besuchen Sie uns im Internet:

http://www.grin.com/

http://www.facebook.com/grincom

http://www.twitter.com/grin_com

Otto-Friedrich-Universität Bamberg

Fakultät Sozial-und Wirtschaftswissenschaften

Lehrstuhl für Internationale Beziehungen

Seminar: Hauptseminar Internationale und europäische Politik IV: International Politics of the
Middle East

Thema: Kooperation zwischen Staaten – Das Camp-David-Abkommen in der Analyse

Datum: 15.10.2016

Autor: Fabian Herbst (2. Fachsemester Master Politikwissenschaft; 120 ECTS)

Inhaltsverzeichnis

1 Von Kriegsgegner zu Vertragspartnern – Der Weg zum Camp-David-Abkommen zwischen Ägypten und Israel

Der Nahe Osten gilt als eine der instabilsten Region der Welt (Halabi 2016: 64): Seit seiner Gründung 1948 bis zum Jahr 1978 führte Israel aus den verschiedensten Gründen bzw. Ursachen und Interessen insgesamt vier Kriege gegen seine Nachbarn (Fraser 2015: viif.). Sowohl beim israelischen Unabhängigkeitskrieg 1948/1949 (Fraser 2004: 44), bei der Suez-Krise 1956 (Fraser 2004: 66f.), beim Sechs-Tage-Krieg 1967 (Fraser 2004: 80) und auch beim Jom-Kippur-Krieg 1973 (Fraser 2004: 95) war Ägypten dabei einer der Hauptgegner Israels. Nach diesem Vierteljahrhundert der kriegerischen Auseinandersetzungen zwischen Ägypten und Israel überraschte der ägyptische Präsident Anwar Sadat den Nahen Osten und die gesamte Welt, als er Ende 1977 ankündigte, vor dem israelischen Parlament, der Knesset, sprechen und für Frieden zwischen den beiden Staaten einzutreten zu wollen (Fraser 2004: 116f.). Wenige Tage später reiste er tatsächlich in die israelische Hauptstadt Jerusalem und sprach vor den dortigen Abgeordneten: „Wir laden Sie ein, mit uns in Sicherheit und Frieden zusammen zu leben" (Fraser 2004: 117). Diese zuversichtlichen und hoffnungsvollen Worte führten aber zunächst zu keinem sichtbaren Fortschritt in den Beziehungen zwischen den beiden Staaten, da beide Seiten sehr unterschiedliche Interessen verfolgten (Fraser 2004: 118). So war es an den USA unter Präsident Jimmy Carter, die beiden Seiten an den Verhandlungstisch zu bringen. Im Juli 1978 lud er sowohl seinen ägyptischen Amtskollegen Sadat als auch den israelischen Ministerpräsidenten Menachem Begin auf seinen Landsitz nach Camp David zu Verhandlungen ein (Fraser 2004: 119). Die im September 1978 stattfindenden Verhandlungen (Fraser 2004: 119) mündeten schließlich in das sogenannte Camp-David-Abkommen. Das Abkommen war dabei zweigeteilt in den „Rahmen für den Abschluss eines Friedensvertrags zwischen Ägypten und Israel" und in den „Rahmen für Frieden im Nahen Osten" (Fraser 2004: 120). Im März des folgenden Jahres 1979 unterzeichneten Begin und Sadat letztendlich in Washington den „Friedensvertrag zwischen Ägypten und Israel" (Fraser 2004: 121).

Warum aber kam es zu diesem Abkommen mit dem folgenden Friedensvertrag? Warum unterzeichneten Ägypten und Israel nach über 25 Jahren des offiziellen Kriegszustandes ein solches Abkommen? Warum also konnten sich Ägypten und Israel auf das Camp-David-Abkommen von 1978 einigen?

Zur Beantwortung dieser Forschungsfrage ist die Arbeit folgendermaßen aufgebaut: Zu Beginn steht das theoretische Grundgerüst der Cooperation Theory, die versucht, Kooperation zwischen Staaten, wie im Falle des Camp-David-Abkommens zwischen Ägypten und Israel zu erklären. Die zentrale Hypothese der Cooperation Theory bezüglich der Kooperation zwischen

Staaten wird schließlich anhand eben dieses Camp-David-Abkommens getestet. Dazu werden zunächst die Entwicklungen der Präferenzen Ägyptens und Israels im Vorfeld der Verhandlungen dargestellt. So kann festgestellt werden, mit welchen Präferenzen die beiden Staaten in die Verhandlungen gingen. Anschließend wird das Camp-David-Abkommen und dessen Ergebnisse und Folgen an sich beschrieben. Dadurch kann anschließend verglichen werden, ob die beiden Staaten ihre Präferenzen und Ziele durchsetzen konnten. Im Sinne der Forschungsfrage und der Hypothese der Cooperation Theory kann so geprüft werden, ob der Nutzen des Abkommens die Kosten für sowohl Ägypten als auch für Israel überstiegen hat. Nur wenn dies der Fall ist, kann die Hypothese der Cooperation Theory angenommen werden und die Cooperation Theory erklären, warum sich Ägypten und Israel auf das Camp-David-Abkommen einigen konnten.

2 Kooperation zwischen Staaten – Das Camp-David-Abkommen in der Analyse: Warum konnten sich Ägypten und Israel auf das Camp-David-Abkommen einigen?

2.1 Theorie: Cooperation Theory

Um den Forschungsgegenstand zu untersuchen, wird die Cooperation Theory verwendet, da die Cooperation Theory nach Robert Keohane die Frage untersucht, warum es auch ohne einen Hegemon im Internationalen System Kooperation unter Staaten, wie hier zwischen Ägypten und Israel, gibt bzw. geben kann (Herbert 1996: 225). Die Cooperation Theory geht dabei davon aus, dass Kooperation zwischen Staaten möglich ist, auch wenn diese zunächst unterschiedliche Meinungen und Positionen bzw. Präferenzen und Ziele bei wichtigen Themen verfolgen (Keohane 1984: 50). Dabei fußt die Cooperation Theory auf Kernannahmen des Realismus bzw. des Neorealismus: Etwa, dass das Internationale System aus egoistischen Staaten besteht, die in diesem anarchischen System ihre Gewinne und Nutzen, beispielsweise im Sicherheitsbereich, maximieren wollen. Diese Nutzenmaximierung kann dabei ebenso über Kooperation geschehen. Auch bei der Cooperation Theory sind egoistisch-rationale Staaten als Akteure der Ausgangspunkt (Gehring 1995: 199). Allerdings ist auch in dieser anarchischen Konstellation unter egoistisch-rationalen Staaten Kooperation möglich. Kooperation ist genau dann denkbar, wenn „Interessenkonstellationen bestehen, in denen individuelles Handeln für alle beteiligten Akteure (und deshalb auch kollektiv) zu suboptimalen Ergebnissen führt. Unter dieser Bedingung besteht für eine Gruppe von Akteuren der Anreiz, sich gemeinsam aus einer problematischen Situation zu befreien" (Gehring 1995: 199f.). Diese Emanzipation kann durch Kooperation zwischen diesen Akteuren bzw. Staaten geschehen. Kooperation kann sich dann also unter bestimmten Bedingungen auf der Basis komplementärer Interessen unter Staaten, wie etwa beim Thema Sicherheit, ausbilden (Herbert 1996: 225). Dabei ist Kooperation als ein Gut zu sehen, dass es für Staaten zu erhöhen gilt. Denn dieses Gut bietet die Chance, zu gemeinsamen Gewinnen bei den kooperierenden Staaten zu kommen (Herbert 1996: 226). Kooperation wird dadurch letztendlich zu einem potentiellen Ziel für alle Staaten (Herbert 1996: 228). Die Möglichkeit der Kooperation zwischen Staaten lässt sich explizit auch für Sicherheitsfragen anwenden. Wenn hier ebenfalls gemeinsame Interessen vorliegen, ist Kooperation ebenso möglich (Hasenclever u. a. 1997: 30).

Zusammenfassend kann formuliert werden, dass es zu Kooperation zwischen Staaten kommen kann, wenn die Präferenzen, die ein Staat in einem bestimmten Politikfeld verfolgt, von einem anderen Staat als Verwirklichung seiner eigenen Ziele angesehen und verstanden wird (Keohane 1984: 51f.). Ebenso ist jedoch festzuhalten, dass Staaten nach wie vor als egoistisch-rationale Akteure auftreten. Deshalb werden Staaten nur mit anderen Staaten kooperieren, wenn sie in ihrem eigenen Verständnis als Nutzenmaximierer durch diese Art der Kooperation ihren eigenen Nutzen maximieren können (Gehring 1995: 200f.). Das bedeutet: Nur, wenn ein Staat durch Kooperation in einem bestimmten Politikfeld seinen Nutzen maximieren kann, bzw. überhaupt einen Nutzen davonträgt, wird sich dieser Staat auch auf Kooperation einlassen bzw. nur, wenn der Nutzen, den der Staat durch die Kooperation erzielt, größer ist als die Kosten.

In diesem Sinne muss sich die Analyse einer möglichen Kooperation zwischen Staaten dann auf die Präferenzen und die daraus folgenden Interessenkonstellationen konzentrieren, um festzustellen, ob bei einer etwaigen Kooperation zwischen Staaten diese Akteure mit Blick auf ihre Präferenzen einen Nutzen durch die Kooperation erreichen könnten. Nur wenn dies der Fall ist, ist Kooperation nach Keohane im Sinne der Cooperation Theory möglich.

2.2 Hypothese

Die aus der Cooperation Theory folgende Hypothese lautet daher:

Hypothese: *Akteure kooperieren, wenn der Nutzen die Kosten überschreitet*

Um diese Hypothese zu testen, sind, wie oben bereits angedeutet, die Präferenzen und die daraus folgenden Interessenkonstellationen, im Fall des Camp-David-Abkommens also die Interessen Ägyptens und Israels, zentral. Deshalb müssen im Folgenden die Präferenzen dieser beiden Staaten erhoben werden. Mit Blick auf das Ergebnis bzw. die Folgen des Camp-David-Abkommens kann anschließend festgestellt werden, ob die Nutzen dieses Abkommens die Kosten für beide Staaten überschritten haben oder nicht. Nur wenn die Präferenzen, also der Nutzen beider Staaten die Kosten des Abkommens tatsächlich überschritten hat, ist die Hypothese zu bestätigen und nur dann kann die Cooperation Theory erklären, warum sich Ägypten und Israel auf das Camp-David-Abkommen einigen konnten.

2.3 Methodik

Um die angesprochenen Nutzen und die Präferenzordnungen der beiden involvierten Staaten zu bestimmen, gibt es drei verschiedene Methoden: Das kritische Quellenstudium, die Interessenindikatoren und die Expertenbefragung (Zürn 1992: 240). Da alle drei Methoden Vor- und Nachteile mit sich bringen, bietet sich die Kombination mehrerer Verfahren an (Zürn 1992: 248). Für die Analyse der Präferenzen im Vorfeld der Verhandlungen des Camp-David-Abkommens wird aufgrund der Quellenlage das kritische Quellenstudium gewählt. Da ein Hauptwerk zum Camp-David-Abkommen von Shibley Telhami (1990) in seiner Erhebung auch auf Experteninterview zurückgreift (Telhami 1990: 271), sind hier bereits zwei der drei von Zürn vorgeschlagenen Methoden kombiniert.

Das kritische Quellenstudium ist dabei der nächstliegende Weg. Jedoch besteht hierbei eine Schwierigkeit darin, dass dem Analysten erhebliche interpretatorische Freiräume offenstehen (Zürn 1992: 240). Dennoch besticht das kritische Quellenstudium mit dem Vorteil, dass es zum einen der einschlägigen Arbeitsweise entspricht und dadurch gut nachzuvollziehen ist. Zum anderen ist die Anwendung ohne größerer Abweichungen bei nahezu allen Situationsstrukturen möglich (Zürn 1992: 243).

Durch die angesprochene Ergänzung durch die Expertenbefragungen wird die Analyse um Wissen von Experten aus Theorie und Praxis erweitert. Dadurch kann der genannte Schwachpunkt des kritischen Quellenstudiums zumindest minimiert werden (Zürn 1992: 257).

2.4 Empirie

2.4.1 Entwicklung der Machtverteilung im Nahen Osten

Wesentlich für die Präferenzen Ägyptens und Israels war seit jeher vor dem Camp-David-Abkommen die Verteilung von ökonomischer und militärischer Macht in der Region des Nahen Ostens, vor allem zwischen den beiden Supermächten Sowjetunion und USA (Telhami 1990: 45f.). In den 1950er Jahren hatten die beiden Supermächte deutlich weniger Einfluss im Nahen Osten als Ende der 1960er und zu Beginn der 1970er Jahre. Zu diesem Zeitpunkt erreicht die Sowjetunion ihren Höhepunkt an Präsenz im Nahen Osten, wodurch auch diese Region zu einer bipolaren wurde (Telhami 1990: 62). Seit Ende der 1960er Jahre war aufgrund der großen Präsenz der beiden Supermächte jede Form der Unabhängigkeit von beiden dieser Staaten weder für Ägypten noch für Israel eine realistische Option (Telhami 1990: 46).

Generell gilt die Verteilung von Macht und deren Veränderung als primäre Variable, um die Präferenzen von Staaten im Nahen Osten zu erklären: Sowohl die USA als auch die Sowjetunion waren seit Ende der 1960er und Anfang der 1970er Jahre so stark wie nie seit Ende des Zweiten Weltkrieges im Nahen Osten involviert. Die damaligen Überlegungen des ägyptischen Präsidenten Sadats, sich auf die USA zu zubewegen, resultierte dabei aber erst aus einem fehlgeschlagenen Ausbau der Beziehungen zu der Sowjetunion. Als die Sowjetunion nicht willens bzw. aufgrund fehlender ökonomischer und militärischer Macht nicht in der Lage war, Ägypten stärker zu unterstützen, schlug sich Sadat auf die Seiten der USA.

Die zentrale Variable für die Erklärung der Präferenzen Ägyptens und auch Israels ist also auch hier die Veränderungen in der Verteilung von militärischer und ökonomischer Macht bzw. die Verteilung an sich, vor allem zwischen den beiden Supermächten (Telhami 1990: 47).

2.4.2 Präferenzen Ägyptens

Überblick vor den Verhandlungen

Seit jeher verfolgte Ägypten vor allem zwei Ziele: Zum einen wollte Ägypten schon immer eine unabhängige Führungsrolle in der arabischen Welt übernehmen. Zum anderen war es seit Gründung des Staates Israel ein Anliegen Ägyptens, eine israelische Hegemonie im Nahen Osten zu verhindern (Telhami 1990: 84). Besonders wenn große regionale Veränderungen durch veränderte militärische und ökonomische Machtverhältnisse aktuell wurden, versuchte Ägypten eine besonders dominante Rolle in der Region zu spielen (Telhami 1990: 88).

Wie jeder andere Staat auch, versuchte Ägypten seine Unabhängigkeit vor allem von seinen arabischen Nachbarn zu maximieren, um dadurch seine eigene Sicherheit zu maximieren (Telhami 1990: 88). Durch die Friedensinitiative Sadats, die letztendlich zum Camp-David-Abkommen führte, versuchte Ägypten in den frühen 1970er Jahren zumindest in der Region wieder unabhängig zu werden, im Idealfall noch dazu von den beiden Supermächten (Telhami 1990: 89f.).

Bereits in den 1950er Jahren war Ägypten unabhängig von anderen Staaten in der Region geworden. Durch große Veränderungen in der Verteilung von militärischer und ökonomischer Macht im Nahen Osten in den 1970er wurde Ägypten jedoch abhängig von regionalen Akteuren und von der Unterstützung einer Supermacht. Ägyptens Abhängigkeit von den großen Ölstaaten wuchs dabei stetig an, so dass diese Staaten ihren Einfluss in der arabischen Welt auf Kosten Ägyptens ausbauen konnten. Mithilfe des ebenfalls zu dieser Zeit entstandenen Gleichgewichts zwischen den Supermächten USA und Sowjetunion sah sich Ägypten gezwungen, sich für eine Seite zu entscheiden. Durch ökonomische und militärische Hilfe der USA hoffte Ägypten, sich aus der Abhängigkeit der arabischen Staaten befreien zu können. Über die verbesserte Beziehung mit der USA durch das Camp-David-Abkommen glaubte Ägypten zudem, mit Israel um die primäre amerikanische Allianz konkurrieren zu können, um so Israels Hegemonie zu verhindern und selbst regionale Macht bzw. Unabhängigkeit zurück zu erhalten (Weitz 2016), die in einer Führungsrolle der arabischen Welt münden sollte (Telhami 1990: 91).

Historische Entwicklung der Gründe für Ägyptens Präferenzen

Noch während der Nasser-Ära nutze Ägypten die Idee des Pan-Arabismus und seine Führungsrolle in der arabischen Welt, um vor allem nationale Interessen zu verfolgen. Als die Kosten dabei den Nutzen überstiegen, gab Ägypten diese Ideen letztlich aber auf (Telhami 1990: 92f.). Gründe dafür waren wiederum vor allem die veränderten militärischen und ökonomischen Verhältnisse im Nahen Osten: Nach dem Zweiten Weltkrieg war Ägypten zunächst noch als stärkstes Land in der Region prädestiniert, eine Führungsrolle zu übernehmen. Die angesprochenen Veränderungen Ende der 1960er Jahre schwächten diese Stellung jedoch deutlich ab (Telhami 1990: 94). In den 1970er Jahren war Ägypten nicht mehr der militärische Hegemon in der Region und auch nicht mehr die dominierende ökonomische Kraft (Telhami 1990: 95f.). Nach dem verlorenen Sechs-Tage-Krieg gegen Israel schwächte sich der Einfluss Ägyptens in der Region weiter ab. Zum ersten Mal erhielt Ägypten zudem wirtschaftliche Unterstützung von arabischen Staaten (Telhami 1990: 100).

Aussichten für das Abkommen

Diese Entwicklung führte zum Hauptanliegen Ägyptens: Die wachsende Abhängigkeit von anderen arabischen Staaten beenden und die Tendenz des sinkenden Einfluss in der Region stoppen und umkehren (Telhami 1990: 102). Für Ägypten bot ein mögliches Abkommen dabei die Möglichkeit, sich aus der ökonomischen Abhängigkeit seiner arabischen Nachbarn zu befreien, wodurch Ägypten wieder eine Führungsrolle in der arabischen Welt übernehmen könnte. Zudem hoffte Ägypten, mit Israel um die zentrale Rolle als Partner der USA im Nahen Osten konkurrieren zu können. Dadurch hätte Ägypten sein zweites Ziel erreichen können, nämlich die Verhinderung Israels als Hegemon im Nahen Osten (Telhami 1990: 105). Dazu war Ägypten bereit, die engen Beziehungen zu seinen arabischen Nachbarn aufs Spiel zu setzen (Telhami 1990: 106).

Zusammenfassung

Zusammenfassend lassen sich vor allem zwei Präferenzen Ägyptens ausmachen: Zum einen die Wiedererlangung der Unabhängigkeit von seinen arabischen Nachbarn. Zum anderen die Verhinderung einer Hegemonie Israels in der Region. Um diese Ziele zu erreichen, war Ägypten bereit, die Beziehungen zu den arabischen Staaten zu riskieren.

2.4.3 Präferenzen Israels

Überblick vor den Verhandlungen

Ähnlich wie Ägypten verfolgte auch Israels bereits seit langer Zeit vor allem zwei Ziele: Zum einen die Verhinderung kollektiver, insbesondere militärischer, Aktionen der arabischen Staaten gegen Israel, um die eigene Sicherheit zu maximieren. Wichtigster Teilaspekt bzw. Schritt hin zu diesem Ziel war hierfür das Herauslösen Ägyptens aus der arabischen Allianz. Zum zweite benötigte Israel, wiederum aus Sicherheitsgedanken, enge Beziehungen zu den USA (Telhami 1990: 108). Durch dieses Ziel wurde jeder Staat im Nahen Osten, der mit Israel um diese enge und exklusive Beziehung zu den USA konkurrierte, als Bedrohung wahrgenommen (Weitz 2016).

Historische Entwicklung der Gründe für Israels Präferenzen

Um umgeben von feindlichen Staaten zu überleben, war es seit Gründung Israels 1948 wichtig, enge Beziehungen zu einer Supermacht zu pflegen. Israels Sicherheit hing seit dieser Erkenntnis von der Unterstützung der USA ab. Denn nur die USA besaßen den Willen und die Fähigkeit, Israel sowohl militärisch als auch ökonomisch ausreichend zu unterstützen. Folglich bekannte sich Israel eindeutig zu den USA (Telhami 1990: 113). Mitte der 1950er Jahre belasteten jedoch amerikanische Hilfen an Ägypten die israelisch-amerikanische Beziehungen (Telhami 1990: 115). Diese Sorgen schwanden in den 1960er, kamen in den 1970er aber wieder neu auf, als Ägypten ein Kandidat für eine engere Partnerschaft mit den USA wurde (Telhami 1990: 116). Nach dem Sechs-Tage-Krieg schien Ägypten keine militärische Bedrohung mehr für Israel zu sein. Die enge israelisch-amerikanische Partnerschaft hatte darüber hinaus offensichtlich keine negativen Folgen für die USA in der Region (Telhami 1990: 119). Anfang der 1970er bot sich Ägypten jedoch erneut als Partner der USA an, was ein gewisses Risiko für Israel darstellte (Telhami 1990: 119). Die neue Carter-Administration wollte gar noch engere Beziehungen zu Ägypten auf Kosten Israels (Telhami 1990: 120).

Aussichten für das Abkommen

Israel erkannte, dass ein Abkommen Ägypten in der arabischen Welt isolieren konnte (Telhami 1990: 117). Dadurch hätte Israel eines seiner beiden elementaren Ziele erreicht. Die Initiative Sadats brachte Israel jedoch in ein Dilemma: Ein Abkommen würde Ägypten zwar wie angedeutet in der arabischen Welt isolieren. Allerdings würde ein solches Abkommen auch in engeren amerikanisch-ägyptischen Beziehungen resultieren, was wiederum die amerikanischen Zugeständnisse an Israel schwächen würden. Das könnte dann der Fall sein, wenn sich Ägypten für die USA als nützlicher als Israel erweisen würde und Ägypten seine Beziehungen zu den arabischen Staaten wieder aufbauen könnte, ohne jene zu den USA zu riskieren (Telhami 1990: 121).

Zusammenfassung

Israel verfolgte zwei wesentliche Ziele: Verhinderung von kollektiven militärischen arabischen Aktionen gegen Israel und enge unangefochtene und exklusive Beziehungen zu den USA. Die ägyptische Initiative brachte gemischte Gefühle nach Israel: Zwar könnte das erste Ziel durch ein Abkommen und die daraus resultierende Isolierung Ägyptens in der arabischen Welt erreicht werden, aber möglicherweise nur auf Kosten der exklusiven amerikanisch-israelischen Beziehungen und damit auf Kosten der zweiten israelischen Präferenz, da ein Abkommen auch die amerikanisch-ägyptischen Beziehungen stärken würde (Telhami 1990: 123f.).

2.5 Interessenkonstellation vor, bei und nach den Camp-David-Verhandlungen

Um nun feststellen zu können, ob im Sinne der Cooperation Theory und ihrer zentralen Hypothese der Nutzen der Kooperation die Kosten beider Staaten überstiegen hat, wird im Folgenden das Ergebnis der Camp-David-Verhandlungen betrachtet. So kann geprüft werden, ob beide Staaten ihre zuvor analysierten Präferenzen durchsetzen konnten. Dadurch wäre sowohl für Israel als auch für Ägypten der Nutzen größer als die Kosten dieser Kooperation, wodurch die Cooperation Theory das Zustandekommen des Camp-David-Abkommens erklären könnte.

2.5.1 Verhandlungsgegenstände

Im Wesentlichen waren bei den Camp-David-Verhandlungen sechs Punkte bzw. Verhandlungsgegenstände zentral, bei denen sich Ägypten und Israel im Vorhinein nicht einig waren: Der Sinai, die diplomatische Anerkennung Israels, das Westjordanland und der Gaza-Streifen, die Verknüpfung Camp-David-Abkommens mit der palästinensischen Autonomie, die Rechte der Palästinenser und Jerusalem (Brams und Togman 1996: 104–107).

Sinai

Der Sinai wurde während des Sechs-Tage-Krieges von Israel erobert und blieb auch nach dem Yom-Kippur-Krieg unter israelischer Kontrolle. Der Sinai galt bei den Verhandlungen als wichtigster Streitpunkt zwischen Israel und Ägypten: Für Israel stellte der Sinai eine militärische Pufferzone dar, die bei einem möglichen ägyptischen Angriff entsprechende Warnung garantieren konnte. Für Ägypten war der Sinai von solcher großen Bedeutung, dass kein Abkommen möglich schien, bei dem Ägypten nicht die Kontrolle über den Sinai zurückerhielt. Die Rückgabe des Sinais wurde für Ägypten zu einer Frage von Ehre und Prestige (Brams und Togman 1996: 104f.).

Diplomatische Anerkennung Israels

Israel wurde von keinem seiner arabischen Nachbarstaaten als legitimer und souveräner Staat anerkannt. Nahezu alle arabischen Staaten blieben seit den arabisch-israelischen Kriegen offiziell im Kriegszustand mit Israel. Dennoch wollte Israel normale friedliche Beziehung zu und mit Ägypten. Ägypten selbst zögerte bei der Anerkennung Israels, da Ägypten fürchtete, andere arabische Staaten würden solche Maßnahmen verurteilen und Ägypten somit in der arabischen Welt isolieren (Brams und Togman 1996: 105f.).

Westjordanland und Gazastreifen

Für das israelische Verhandlungsteam war die Beibehaltung der Kontrolle über das Westjordanland und den Gazastreifen eines der zentralen Ziele. Falls Begin den Sinai aufgeben müsste, forderte er im Gegenzug dafür die Anerkennung von Israels Anspruch über das Westjordanland und den Gazastreifen. Sadat deutete jedoch an, Camp David nicht ohne das Zugeständnis, Israel würde sich aus dem Westjordanland und dem Gazastreifen zurückziehen, zu verlassen (Brams und Togman 1996: 106).

Verknüpfung des Camp-David-Abkommens mit der palästinischen Autonomie

Israel wollte keine Verknüpfung zwischen dem Camp-David-Abkommen und der palästinensischen Autonomie. Sadat hingegen fuhr zweigleisig: Auf der einen Seite wollte er eine Anerkennung durch Israel, auf der anderen Seite war ihm klar, dass ein solches Abkommen nicht von Ägypten alleine verhandeln werden konnte (Brams und Togman 1996: 106f.).

Rechte der Palästinenser

Für Israel war es schwierig, die Rechte der Palästinenser anzuerkennen. Dennoch war Israel bereit, den Arabern im Westjordanland gleiche Rechte wie den Israelis zuzustehen. Ägypten hielt eine gewisse Anerkennung dieser Rechten für die Palästinenser zwingend notwendig (Brams und Togman 1996: 107).

Jerusalem

Die Vereinten Nationen forderten 1949, Jerusalem zu internationalisieren. Während des Sechs-Tage-Krieges besetzte und vereinigte Israel Jerusalem jedoch. Für Israel war Jerusalem die Hauptstadt ihrer Nation und konnte unter keinen Umstanden aufgeben werden. Ägypten wollte die Frage über Jerusalem offen für die Zukunft lassen (Brams und Togman 1996: 107).

Zusammenfassung

Mit Blick auf die sechs Verhandlungsgegenstände und den vorher erläuterten Präferenzen Ägyptens und Israels zeigt sich, dass keine der insgesamt vier zentralen Präferenzen direkt in Camp David verhandelt wurden. Weder die Verhinderung kollektiver arabischer Aktionen oder die Beibehaltung enger Beziehungen zwischen Israel und den USA als Präferenzen Israels noch die Wiedererlangung der ägyptischen Unabhängigkeit von seinen arabischen Nachbarn oder die Verhinderung einer israelischen Hegemonie als Ziele Ägyptens wurden tatsächlich und direkt in Camp David diskutiert. Vielmehr wurde über insgesamt sechs Gegenstände diskutiert, die indirekt und erst durch die Folgen des Abkommens Auswirkungen für die zwei Präferenzen Israels und Ägyptens hätten haben können.

2.5.2 Verhandlungsergebnis

Um dennoch untersuchen zu können, ob das Ergebnis und vor allem die Folgen des Camp-David-Abkommens die Präferenzen der beiden beteiligten Staaten Israel und Ägypten widerspiegeln, wird nun zunächst das Verhandlungsergebnis dargestellt. So kann anschließend geprüft werden, ob sich durch dieses Ergebnis und die Folgen des Abkommens die Präferenzen Israels und Ägyptens äußern bzw. zeigen. Wäre dies der Fall, hätte für beide Staaten der Nutzen die Kosten des Abkommens überstiegen, sodass die Hypothese zutrifft und die Cooperation Theory erklären kann, warum sich Ägypten und Israel auf das Abkommen einigen konnten.

Zusammenfassend lässt sich über das Ergebnis bezüglich der sechs Hauptgegenstände folgendes festhalten: Der Sinai ging zurück an Ägypten; Ägypten garantiere die diplomatische Anerkennung Israels; Ägypten erkannte Israels Recht an, auch weiterhin das Westjordanland und den Gazastreifen zu kontrollieren; es gab keine Verknüpfung zwischen dem Camp-David-Abkommen und der palästinensischen Autonomie; Israel erkannte die legitimen Rechte der Palästinenser an; Jerusalem war nicht Teil des Abkommens und blieb damit Hauptstadt Israels (Brams und Togman 1996: 109f.).

2.5.3 Vergleich zwischen Präferenzen vor den Verhandlungen und Verhandlungsergebnissen bzw. –folgen

Um nun abzuleiten, ob der Nutzen des Camp-David-Abkommens die Kosten für sowohl Ägypten und auch Israel überstiegen hat, werden die Präferenzen vor dem Abkommen mit den Folgen des Abkommens verglichen. Nur wenn durch die Folgen des Abkommens beide Seiten ihre Präferenzen realisieren konnten, kann die Hypothese, wonach Akteure kooperieren, wenn der Nutzen die Kosten übersteigen, angenommen werden. Dadurch könnte die Cooperation Theory das Zustandekommen des Camp-David-Abkommens erklären.

Die Präferenzen vor den Camp-David-Verhandlungen waren eindeutig: Ägypten wollte durch enge Beziehungen zu den USA seine Unabhängigkeit von seinen arabischen Nachbarn wiedererlangen, um so abermals die Führungsrolle in der arabischen Welt zu übernehmen. Zudem wollte Ägypten eine israelische Hegemonie abwenden.

Israel hingegen wollte kollektive arabische Aktionen verhindern, indem man Ägypten als wichtigste Macht in der arabischen Welt isolierte. Des Weiteren wollte Israel die engen Beziehungen zu den USA exklusiv halten intensivieren.

Ägypten

Ägypten schaffte es nach den bzw. durch die Camp-David-Verhandlungen nicht, die Führungsposition in der arabischen Welt zurückzugewinnen. Schon während der Verhandlungen wurde Ägypten in der arabischen Welt zunehmend isoliert (Parker 1989: 117; 143). Der Einfluss Ägyptens in der Region erreichte einen neuen Tiefpunkt (Quandt 1986: 357). Ägypten konnte die Abhängigkeit von seinen arabischen Nachbarn nicht beenden. Auch deswegen nicht, weil die Beziehungen zu den USA in Folge des Camp-David-Abkommens sogar noch zurückgefahren werden mussten. Zudem konnte Ägypten die israelische Hegemonie nicht verhindern bzw. kontrollieren, was sich beispielsweise deutlich beim Einmarsch Israels in den Libanon 1982 zeigte (Telhami 1990: 202).

Israel

Israel hingegen erreichte sein erstes Ziel, indem Ägypten als Reaktion auf das Camp-David-Abkommen in der arabischen Welt isoliert wurde, was kollektive Aktionen arabischer Staaten gegen Israel faktisch unmöglich machte. Zudem konnte Israel seine Beziehungen zu den USA als zweite Präferenz weiter intensivieren. Das Verhältnis zwischen Israel und den USA war nach den erfolgreichen Camp-David-Verhandlungen so gut wie noch nie (Telhami 1990: 202)

Fazit

Staat	Präferenz	Ergebnis
Ägypten	• Wiedererlangung der Unabhängigkeit von seinen arabischen Nachbarn durch enge Beziehungen zu den USA	⊘
	• Verhinderung einer Hegemonie Israels	⊘
Israel	• Verhinderung kollektiver arabischer Aktionen durch Isolierung Ägyptens	√
	• Enge Beziehungen zu den USA	√

Tabelle 1: Präferenzen Ägyptens und Israels und Ergebnis durch das Camp-David-Abkommen; Quelle: Eigene Darstellung

Tabelle 1 veranschaulicht nochmals die Präferenzen Ägyptens und Israels und verdeutlicht, ob diese Präferenzen durch die Camp-David-Verhallungen, das –Abkommen sowie dessen Folgen und Auswirkungen erfüllt wurden oder nicht:

Ägypten sah keines seiner zwei Ziele bzw. Präferenzen durch das Ergebnis und die Folgen des Camp-David-Abkommens realisiert: Weder wurde es unabhängig von seinen arabischen Nachbarn, noch konnte es eine Hegemonie Israels in der Region verhindern. Israel hingegen konnte seine beiden Präferenzen durchsetzen: Durch die Isolierung Ägyptens in der arabischen Welt war eine kollektive Aktion dieser Staaten gegen Israel ohne Ägypten nahezu unmöglich. Zudem wurden die ohnehin schon starken Beziehungen zu den USA weiter ausgebaut.

2.5.4 Erklärungskraft der Cooperation Theory und Alternativerklärungen – Präferenzen Ägyptens und Israels und deren Umsetzung durch das Camp-David-Abkommen

Mit Blick auf die Cooperation Theory und deren Hypothese, wonach Staaten als Akteure kooperieren, wenn der Nutzen dieser Kooperation die Kosten übersteigt, lässt sich festhalten, dass dieser Ansatz das Camp-David-Abkommen bzw. vor allem dessen Ergebnis und die Folgen nur teilweise erklären kann.

Während wie beschrieben Israel seine Präferenzen und Ziele durchsetzen konnte, und so der Nutzen für Israel deutlich größer war als die Kosten, trifft für Ägypten genau das Gegenteil zu: Ägypten hatte bezüglich der zuvor festgestellten Präferenzen keinerlei Nutzen aus dem Abkommen und konnte keines seiner Ziele durchsetzen, musste dafür aber enorme Kosten hinnehmen, etwa die Isolierung in der arabischen Welt.

So lässt sich insgesamt mit der Cooperation Theory nicht erklären, warum sich Israel und Ägypten auf ein Abkommen einigen konnten. Zwar überstieg für Israel der Nutzen des Abkommens die Kosten, nicht aber für Ägypten.

In diesem Zusammenhang muss erwähnt werden, dass es auch Alternativerklärungen für das Abkommen und vor allem für dessen Ergebnis und Folgen gibt: So geht Telhami beispielsweise davon aus, dass der Misserfolg Ägyptens vor allem auf die schlechte Verhandlungsleistung der ägyptischen Delegation um Präsidenten Sadat zurück zu führen ist, obwohl Ägypten im Voraus der Verhandlungen davon ausging, dass der Nutzen die Kosten übersteigen würde (Telhami 1990: 180-183).

Dennoch stellt sich die Frage, warum Ägypten in der Folge des Abkommens nichts unternahm, um seine Präferenzen zu realisieren oder das Abkommen aufkündigte, um zumindest die positiven Auswirkungen für Israel rückgängig machen bzw. seine eigenen Kosten minimieren zu können.

Um die Cooperation Theory dennoch noch als Erklärungsansatz verwenden zu können, müsste die zentrale Hypothese entsprechend angepasst werden:

Angepasste Hypothese: *Akteure kooperieren, wenn sie erwarten, dass der Nutzen die Kosten überschreitet*

Demzufolge sind die Verhandlungen und deren Ergebnisse und Folgen, die im Vorfeld der Kooperation nur schwer abgeschätzt werden können, zunächst ausgeklammert. Dadurch könnte die Cooperation Theory erklären, warum sich Akteure auf Verhandlungen wie in Camp David zunächst überhuapt einlassen. Nämlich genau dann, wenn sie erwarten und davon ausgehen, dass der Nutzen des Abkommens die Kosten überschreiten und wenn sie in der Folge zunächst nichts unternehmen, um die etwaigen negativen Folgen zu beseitigen.

Mit dieser Hypothese kann auch erklärt werden, warum sich Israel und Ägypten auf das Camp-David-Abkommen einigen konnten: Beide Akteure erwarteten, dass der Nutzen dieses Abkommens die Kosten überschreiten würde. Beide Staaten gingen davon aus, ihre zentralen Präferenzen bzw. Ziele durchsetzen zu können bzw. durch die Folgen und Auswirkungen des Abkommens letztendlich realisiert zu sehen. Die Möglichkeit negativer Folgen oder höherer Kosten als Nutzen für die eigene Seite wurden dabei nicht in Betracht gezogen und nicht berücksichtigt bzw. keine Schritte entwickelt, diese im Anschluss an das Abkommen durch beispielsweise ein Aufkündigen des Vertrages zu minimieren.

Dass letztendlich Ägypten seine Präferenzen nicht durchsetzen konnte, ist also schweinbar weniger auf falsche Erwartungen oder Erklärungen durch die Cooperation Theory zurück zuführen sondern wohl viel mehr auf die schwache Verhandlungsperformanz der ägyptischen Delegation (Telhami 1990: 180-183).

2.6 Zusammenfassung und Fazit

Die vorliegende Arbeit ging auf Grundlage der Cooperation Theory der Frage nach, warum sich Ägypten und Israel auf das Camp-David-Abkommen einigen konnten. Dazu wurde die zentrale Hypothese der Cooperation Theory getestet, wonach Staaten kooperieren, wenn der Nutzen dieser Kooperation die Kosten übersteigt. Bei der Präferenzerhebung und der Analyse der Nutzen des Abkommens wurde deutlich, dass Israel seine Präferenzen durchsetzen konnte und so der Nutzen für Israel größer war als die Kosten des Abkommens. Für Ägypten hat sich das Gegenteil gezeigt: Ägypten sah durch das Abkommen bzw. dessen Folgen keines seiner

Präferenzen und Ziele verwirklicht, sodass für Ägypten der Nutzen nicht höher war als die Kosten. Durch diese empirischen Erkenntnisse ist deshalb die Hypothese der Cooperation Theory zunächst abzulehnen, wodurch die Cooperation Theory keine Erklärungskraft für das Zustandekommen des Camp-David-Abkommens zu haben scheint.

Um mit der Cooperation Theory aber dennoch das Zustandekommen des Camp-David-Abkommens erklären zu können, wurde der Vorschlag gemacht, die zentrale Hypothese weiter zu entwickeln. Als angepasste Hypothese wurde formuliert, dass Staaten kooperieren, wenn sie erwarten, dass der Nutzen der Kooperation die Kosten übersteigt. Da sowohl Israel als auch Ägypten im Voraus der Verhandlungen davon ausgingen, dass der Nutzen die Kosten des Abkommens übersteigen würde, könnte durch diese angepasste Hypothese die Cooperation Theory das Zustandekommen des Camp-David-Abkommens dennoch erklären. Dass durch das tatsächliche Abkommen und die Folgen der Nutzen für Ägypten dennoch geringer war als die Kosten, ließe sich dann auf Alternativerklärungen wie vor allem die schwache Verhandlungsleistung der ägyptischen Delegation zurückführen.

3 Vier Jahrzehnte danach - Das Camp-David-Abkommen als Fundament der israelisch-ägyptischen Beziehungen

Auch knapp vier Jahrzehnte nach Unterzeichnung des Camp-David-Abkommens zwischen Ägypten und Israel spielt die Verteilung von ökonomischer und militärischer Macht wie im Vorfeld der Verhandlungen des Abkommens nach wie vor eine zentrale Rolle für die Situation zwischen den beiden Staaten und des gesamten Nahen Ostens. Besonders wichtig ist hierbei abermals das Agieren der beiden Supermächte Russland und USA:

Nachdem sich Israelis und Palästinenser unter Vermittlung des ägyptischen Präsidenten Abd al-Fattah as-Sisi Anfang September auf Gespräche in der russischen Hauptstadt Moskau geeinigt hatten, wurde das als Gefahr für den Einfluss der USA in der Region verstanden (Klapper 2016). Nur kurze Zeit darauf reagierte die USA ihrerseits und versprachen Israel finanzielle Unterstützung für militärische Hilfe in Höhe von 38 Mrd. Dollar über die kommenden zehn Jahre (Baker und Davis 2016).

Ungeachtet diesen großen Engagements der beiden Supermächte im Nahen Osten mit offenbar unterschiedlichen Zielen und Interessen, bildet das Camp-David-Abkommen nach Aussagen des neuen israelischen Botschafters in Ägypten David Govrin weiterhin die Grundlage für dauerhaften Frieden zwischen Ägypten und Israel (i24news 2016). Dennoch gibt es nach Ansicht

Govrins noch viele Möglichkeiten, die Beziehungen zwischen den beiden Staaten zu verbessern, etwas was das Handeln, die Wirtschaft und die Landwirtschaft betrifft. Nichtsdestotrotz hat sich gezeigt, dass sich das Camp-David-Abkommen zu einem soliden Friedensvertrag entwickelt hat (i24news 2016).

Dieser positiven Beschreibung des israelisch-ägyptischen Verhältnisses war die Aussage des ägyptischen Außenministers Samih Schukri, der als weitere Geste an der Beisetzung des ehemaligen israelischen Präsidenten und Ministerpräsidenten Shimon Peres teilnahm (Gendelman 2016), vorausgegangen, wonach Israel nicht als terroristischer Staat einzustufen sei. Diese Formulierung vor wenigen Wochen wurde allgemein als Signal verstanden, die friedlichen Beziehungen zwischen den beiden Staaten weiter zu verbessern und zu intensivieren (Mazel 2016). Der seit Unterzeichnung des Abkommens andauernde Frieden zwischen Ägypten und Israel sowie die erwähnten Versuche, die Beziehungen weiter zu auffrischen, zeigen, dass durch das Camp-David-Abkommen Frieden zwischen Ägypten und Israel geschaffen wurde. Zwar konnte Ägypten seine ursprünglichen Interessen wie oben erwähnt im Gegensatz zu Israel durch die Folgen des Abkommens nicht durchsetzen, kooperierte bei den Verhandlungen und im Anschluss aber trotzdem mit den Israelis. So konnte am Ende ein Abkommen verabschiedet und ratifiziert werden, dass zwar im Gegensatz zu den israelischen Präferenzen nicht die die wesentlichen Ziele Ägyptens realisiert sah, aber für dauerhaften Frieden zwischen den zwei Regionalmächten Israel und Ägypten führte und für dessen Abschluss der ägyptische Präsident Sadat und der israelische Premierminister Begin wenige Monate nach Unterzeichnung den Friedensnobelpreis erhielten (Nobelprize.org 2016).

Literaturverzeichnis

Baker, Peter; Davis, Julie Hirschfeld (2016): „U.S. Finalizes Deal to Give Israel $38 Billion in Military Aid". *http://www.nytimes.com/2016/09/14/world/middleeast/israel-benjamin-netanyahu-military-aid.html*; zuletzt geprüft am 15.10.2016.

Brams, Steven J. (2003): *Negotiation games*. New York u.a.: Routledge.

Brams, Steven J.; Togman, Jeffrey M. (1996): „Camp David: Was The Agreement Fair?". In: *Conflict Management and Peace Science*. 15 (1), S. 99–112, doi: 10.1177/073889429601500105.

Fawcett, Louise L'Estrange (2009): *International relations of the Middle East*. 2. ed. Oxford [u.a.]: Oxford Univ. Press.

Fraser, Thomas G. (2004): *The Arab-Israeli conflict.* 2. ed. Basingstoke [u.a.]: Palgrave Macmillan (Studies in contemporary history).

Fraser, Thomas G. (2015): *The Arab-Israeli conflict.* Fourth edition. London: Palgrave.

Gehring, Thomas (1995): „International Governance - Negotiations, Norms and International Regimes". In: *Politische Vierteljahresschrift.* 36 (2), S. 197–219.

Gendelman, Ofir (2016): „Ofir Gendelman". *https://twitter.com/ofirgendelman/status/781709959755169792;* zuletzt geprüft am 15.10.2016.

Halabi, Yakub (2016): *US Foreign Policy in the Middle East: From Crises to Change.* Routledge.

Hasenclever, Andreas; Meyer, Peter; Rittberger, Volker (1997): *Theories of International Regimes.* 1. publ. Cambridge [u.a.]: Cambridge Univ. Press (Cambridge studies in international relations ; 55).

Herbert, Anne (1996): „Cooperation in International Relations: A Comparison of Keohane, Haas and Franck". In: *Berkeley Journal of International Law.* 14 (1), S. 222, doi: doi:10.15779/Z38135K.

i24news (2016): „Israel-Egypt peace „solid" but more can be done, new Israeli envoy tells i24news". *http://www.i24news.tv/en/news/israel/diplomacy-defense/124724-160906-israel-egypt-peace-solid-but-more-can-be-done-new-israeli-envoy-tells-i24news;* zuletzt geprüft am 15.10.2016.

Keohane, Robert O. (1984): *After hegemony.* Princeton, NJ: Princeton Univ. Press.

Keohane, Robert O.; Martin, Lisa L. (1995): „The Promise of Institutionalist Theory". In: *International Security.* 20 (1), S. 39–51, doi: 10.2307/2539214.

Klapper, Bradley (2016): „Russian Mideast push could hurt US influence... if talks occur". *http://www.timesofisrael.com/russian-mideast-push-could-hurt-us-influence-if-talks-occur/;* zuletzt geprüft am 15.10.2016.

Mazel, Zvi (2016): „The evolution of Egypt-Israel relations: No longer a terrorist entity". *http://www.jpost.com/Jerusalem-Report/No-longer-a-terrorist-entity-467203;* zuletzt geprüft am 15.10.2016.

Nobelprize.org (2016): „The Nobel Peace Prize 1978". *http://www.nobelprize.org/nobel_prizes/peace/laureates/1978/index.html;* zuletzt geprüft am 15.10.2016.

Parker, Thomas (1989): *The road to Camp David.* New York [u.a.]: Lang (American university studies / 10 ; 9).

Quandt, William B. (1986a): „Camp David and Peacemaking in the Middle East". In: *Political Science Quarterly.* 101 (3), S. 357–377, doi: 10.2307/2151620.

Quandt, William B. (1986b): *Camp David: Peacemaking and Politics*. Washington, D.C: Brookings Institution Press.

Telhami, Shibley (1990): *Power and leadership in international bargaining*. New York: Columbia Univ. Press.

Weitz, Gidi (2016): „Secret 1978 Talks Lay Bare the Hawk That Peacemaker Peres Once Was". *http://www.haaretz.com/israel-news/.premium-1.747031*; zuletzt geprüft am 15.10.2016.

Zürn, Michael (1992): *Interessen und Institutionen in der internationalen Politik*. Wiesbaden: Springer-Fachmedien Wiesbaden.